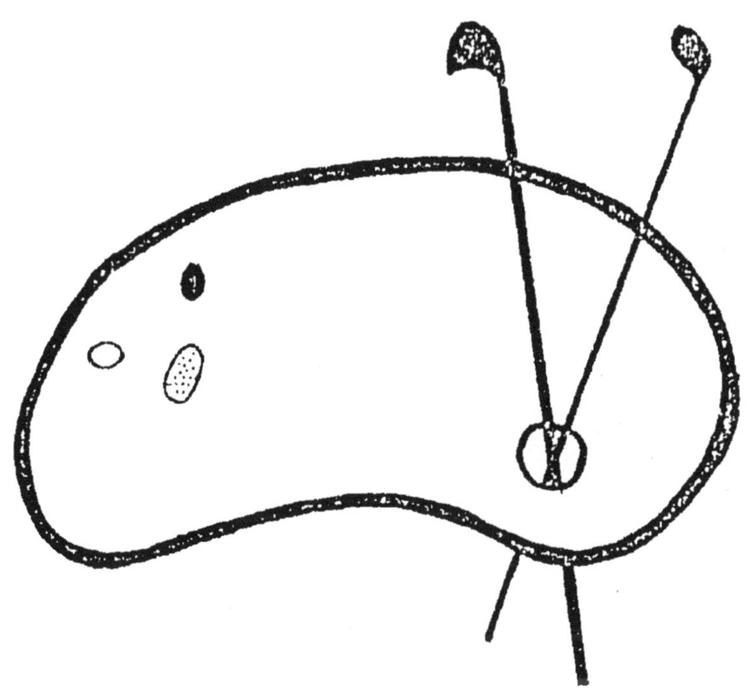

COUVERTURE SUPÉRIEURE ET INFÉRIEURE
EN COULEUR

TABLEAUX

Anciens et Modernes

Collection de M. Munier=Jolain

TABLEAUX

Anciens et Modernes

CONDITIONS DE LA VENTE

Elle sera faite au comptant :

Les acquéreurs payeront *dix pour cent* en sus des enchères.

CATALOGUE

DE

TABLEAUX

Anciens et Modernes

PAR

Champagne (Ph. de). Desportes.
Gérard. Héda. Heinsius. Lagrenée. Loo (C. Van). Mignard.
Parrocel, Pierre (de la). Subleyras. Taraval.
Tocqué. Tournières. Vestier. Vigée-Lebrun (M.). etc.

Bonvin. Chaplin. Dreux (A. de).
Français. Henner, Lambinet. Meissonier.
Roybet. Vernet (Horace). etc.

COMPOSANT LA

Collection de M. MUNIER=JOLAIN

DONT LA VENTE AURA LIEU

HOTEL DROUOT, SALLE N 6

Le Vendredi 9 Décembre 1910

EXPOSITIONS

PARTICULIÈRE : Le Mercredi 7 Décembre 1910
PUBLIQUE : Le Jeudi 8 Décembre 1910

<table>
<tr><td>Me LAIR-DUBREUIL</td><td>M Henri HARO</td></tr>
<tr><td>COMMISSAIRE-PRISEUR</td><td>EXPERT</td></tr>
</table>

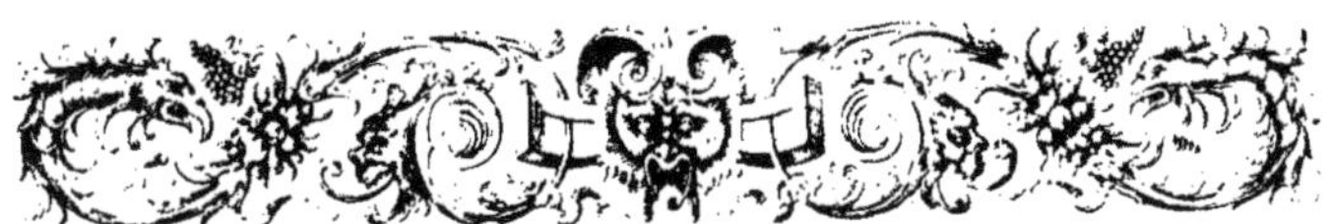

TABLEAUX ANCIENS

BATTEM

(GERARD VAN)

1 — *La Chasse au Cerf.*

Au fond d'une pittoresque vallée, un cerf est poursuivi et se prépare à franchir un petit torrent. Derrière lui s'élancent les chiens et les chasseurs. A gauche, un valet poursuit une biche qui se sauve épouvantée. Au second plan, des arbres se profilent sur le ciel nuageux.

Signé en bas, à gauche.

Bois. Haut., ... cent., larg., ... cent.

BOUCHER
(FRANÇOIS)
(École de)

2 — *Pastorale.*

Deux jeunes bergères vêtues l'une de rose, l'autre de bleu, sont assises et gardent le troupeau. L'une d'elles orne un mouton d'une guirlande de fleurs.

Autour, d'autres moutons et trois vaches. À droite, on aperçoit une statue dominant probablement une fontaine ; au fond une ruine dans les arbres.

Toile. Haut., 81 cent.; larg., 64 cent.

Cadre bois sculpté.

BRUANDET
(LAZARE)
(1755-1803)

3 — *Chasse au Cerf.*

Au milieu d'une forêt de chênes imposants, un chemin bourbeux conduit à une clairière ensoleillée ; un cerf la traverse, traqué par des cavaliers et des chiens. Le ciel est nuageux vers la droite.

Bois. Haut., 55 cent.; larg., 45 cent.

Collection Son Dumarais.

CHAMPAGNE
(PHILIPPE DE)

4 — *L'Homme au Muguet.*

Vu de trois quarts à droite. Il porte des cheveux longs, une courte moustache blonde et une petite barbe sous les lèvres. De sa main gauche il tient un brin de muguet. Il est vêtu d'un habit noir [...]

Portrait présenté à M. de Brissac [...] des vers au Muguet dans la *Guirlande de Julie*, offerte [...] au Mortissier à M. d'Angennes.

Cadre en bois sculpté.

CHAMPAGNE
(PHILIPPE DE)

5 — *La Vierge et l'Enfant Jésus.*

Gravé par [...]

CUYP
(BENJAMIN)

6 — *Le Buveur.*

Signé en haut à droite.

Cadre en bois sculpté.

DAVID

(JACQUES-LOUIS,

(ATTRIBUÉ A)

7 — *Marat.*

Il est représenté de trois quarts à gauche et nous regarde de ses yeux ronds, la bouche entr'ouverte. Sa face terreuse est surmontée de cheveux bruns mal peignés ; il est rasé et porte des favoris. Une large cravate blanche est nouée autour de son cou et émerge de son habit brun.

Toile. Haut., 55 cent. ; larg., 45 cent.

DESCOURT

(HUBERT)

8 — *Portrait de F.-A. Garsault, écuyer, sieur des Mignières, Capitaine des haras de France.*

Signé en bas à gauche et daté à droite 1745.

Toile. Haut., 23 cent. ; larg., 17 cent.

Gravé par Tardieu.

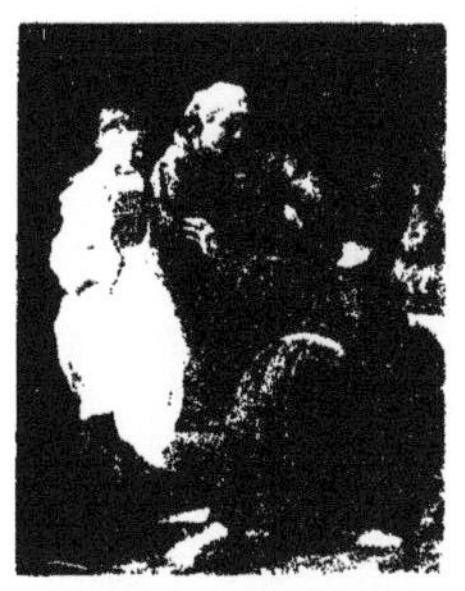

41

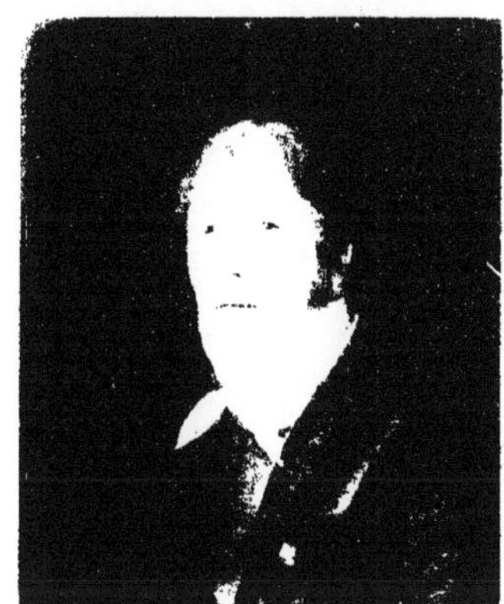

7

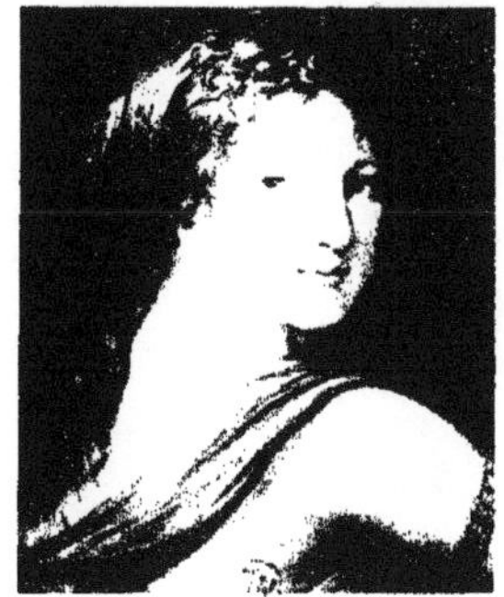

43

DESPORTES

(FRANÇOIS)

(1661—1743)

9 — *Gibiers morts sous la garde de Chiens.*

Au pied d'un arbre, est un chevreuil, accroché par les pieds ; à côté de lui un jeune sanglier est étendu. A gauche, un chien sommeille, tandis que derrière, d'autres surveillent le gibier. Un cor de chasse est suspendu à l'arbre.

Signé en bas à gauche et daté 17..

Toile. Haut., 95 cent.; larg., 1 m. 30.

DROLLING

(MARTIN)

(1752—1817)

10 — *Le Violoniste.*

Assis sur une chaise, le pied sur un banc, un jeune homme, le même que celui du petit tableau de la salle Lacaze, joue du violon. Une cruche, sur laquelle est appuyée sa musique, est posée sur un tonneau. Son compagnon, vu de dos, le regarde. En bas à droite, un gros pot de terre.

Signé sur le tonneau et daté 1797.

Toile. Haut., 24 cent.; larg., 33 cent.

Collection Maurice Richard.

DROUAIS
(FRANÇOIS-HUBERT)
(ÉCOLE DE)

11 — *Portrait de Marie-Joséphe de Saxe, dauphine, belle-fille de Louis XV.*

Vue de trois quarts à gauche, elle est assise sur un fauteuil rose. Sa jeune tête aux traits délicats est coiffée de cheveux poudrés dans lesquels sont piquées quelques fleurettes bleues. Elle est vêtue d'une robe à dessins roses, garnie de dentelles, et tient de sa main droite un éventail; deux décorations sont attachées sur sa poitrine par des nœuds rouges et noirs.

Toile. Haut., 26 cent.; larg., 21 cent.

DYCK
(VAN)
(ÉCOLE DE)

12 — *Portrait de l'Infant Ferdinand d'Espagne.*

Cuivre. Haut., 14 cent.; larg., 12 cent.

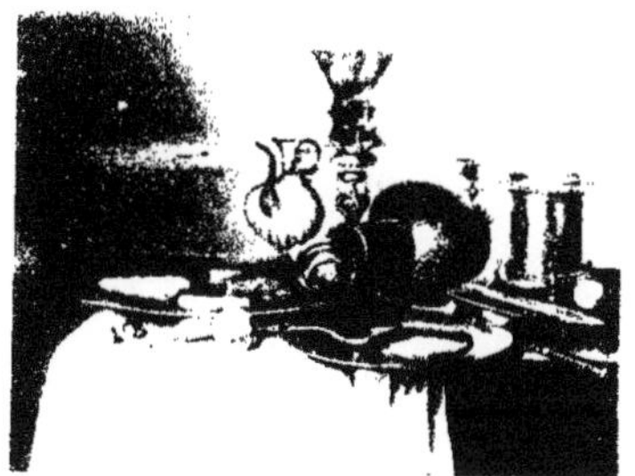

19

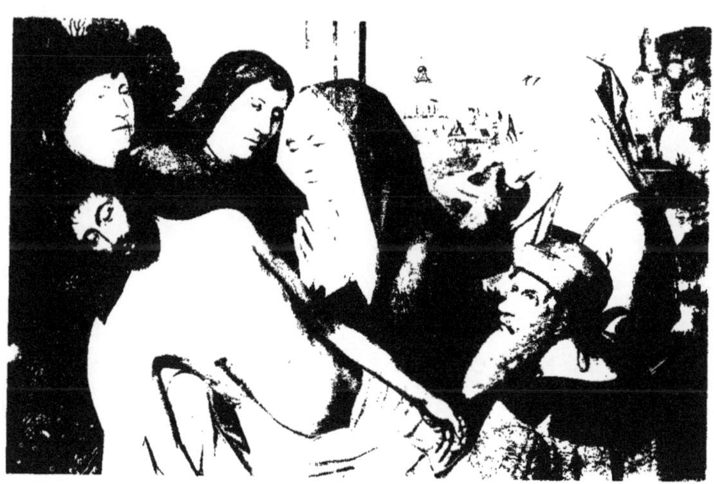

13

ÉCOLE DE BOURGOGNE

13 — *Descente de Croix.*

Le Christ vient d'être descendu [illegible] une trainée de sang s'échappe de son côté et [illegible] corps. Il est soutenu par un soldat [illegible] La Vierge [illegible] le regarde les mains jointes.

Autour d'eux se trouvent Sainte Madeleine, Saint [illegible] Joseph d'Arimathie. Au fond [illegible] de Jérusalem [illegible]

Voici ce qu'écrivait M. P[illegible] dans le catalogue de l'Exposition des primitifs français [illegible]

« N 93 : Cette pièce a longtemps été tenue pour une œuvre flamande, mais [illegible] époque qu'[illegible] existe [illegible] d'Auxerre, le type si fin de [illegible] personnages [illegible] dans la Bourgogne, une pseudo Agnès Sorel [illegible] Madeleine dans la composition [illegible] attribuer [illegible] travail à l'un des peintres de Champagne et de Bourgogne travaillant dans ces contrées [illegible] à la fin du XV siècle. Le paysage est un de ces [illegible] peintres se servaient [illegible] »

[illegible]

Cadre en bois sculpté.

Exposition des primitifs français 1904.

ÉCOLE FRANÇAISE

14 — *Portrait du cardinal Charles de Lorraine.*

Sur un parchemin à moitié déroulé, on lit : An° D.N.I.
1565. Etat. 40.

En bas, on lit : Carolus Cardinalis a Lotharingia.
Monogramme G.G.F.

Bois. Haut., 20 cent ; larg., 15 cent.

Cadre en bois sculpté.

ÉCOLE FRANÇAISE

15 — *Portrait d'Emmanuel de Coulanges, célèbre chansonnier, cousin et correspondant de Mme de Sévigné.*

Il est représenté en habit de carnaval romain, tenant un
masque à la main.

Daté en bas à droite : Roma 1691.

Toile. Haut., 48 cent ; larg., 38 cent.

Cadre en bois sculpté.

ÉCOLE FRANÇAISE

16 — *Le grand jet-d'eau à Saint-Cloud.*

Toile. Haut., 41 cent ; larg., 53 cent.

Exposition inaugurale de Bagatelle.

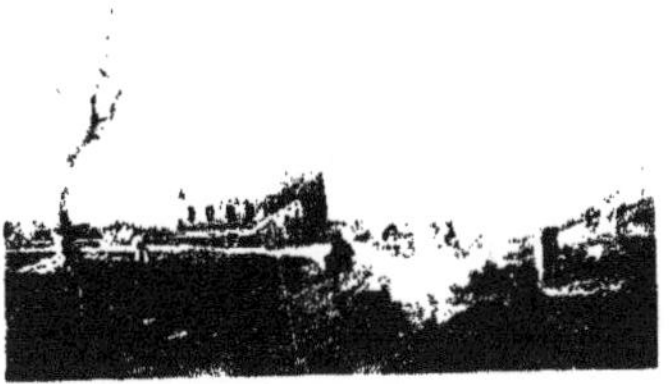

78

17

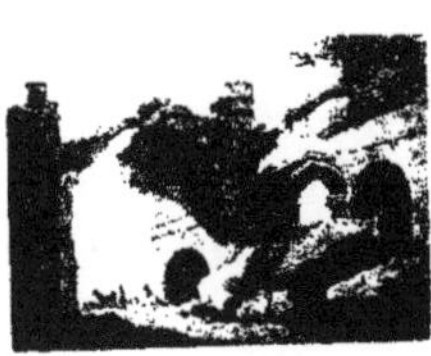

34

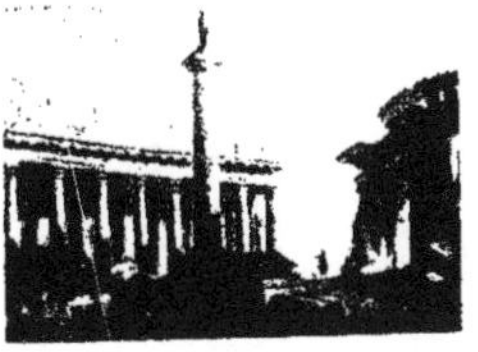

35

GÉRARD

(BARON)

(1770-1837)

17 — *Portrait de Mme Mars.*

Vue de trois quarts, elle est coiffée d'un écharpe de peau rouge, sorte de turban, qui laisse passer par-ci par-là des cheveux bruns. De longues boucles d'oreilles en or pendent de chaque côté de sa figure aux grands yeux bruns. Elle porte une robe Empire rouge à larges galons dorés. Les manches sont en mousseline. Fond verdâtre.

Exposition de la Société des artistes dramatiques, 1906.
Exposition du théâtre au pavillon de Marsan.

GORP

(VAN)

18 — *Portrait d'Enfant faisant des bulles de savon.*

Salon de 1799.
Exposition des « Enfants » à Bagatelle, 1910, n° 450.

HEDA

(GUILLAUME-NICOLAS)

19 — *Nature morte.*

Sur une table à demi recouverte d'une nappe blanche sont posés deux plats en étain contenant des huîtres ouvertes et une cuillère. A côté sont placés pêle-mêle un autre plat vide et une boullotte en métal, renversée. Plus loin, un bock en vieil argent finement travaillé, un grand verre, contenant encore du vin, monté sur un pied d'orfèvrerie, et deux verres de Venise. Çà et là quelques fruits.

Signé en bas sur la nappe et daté 1639.

Bois. Haut., 49 cent.; larg., 65 cent.

Cadre en bois sculpté.

HEINSIUS

(JEAN-JULES)

(1740-1812)

20 — *Portrait de l'abbé de Calonne.*

Vu de buste, sa figure très vivante, coiffée de cheveux poudrés, est tournée de trois quarts. Du bras droit il s'appuie sur une chaise tandis que de la main gauche il esquisse un geste d'orateur. Il porte une soutane à manchettes blanches, recouverte d'un manteau noir.

Signé en bas à gauche et daté 1775.

Toile. Haut., 92 cent.; larg., 75 cent.

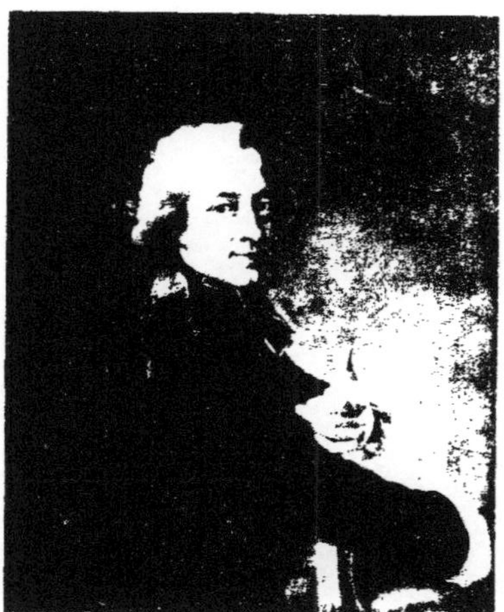

20

2

50

HEINSIUS

(JEAN-JULES)

21 — *Portrait de Charles-Alexandre de Lorraine, fils du duc Léopold, frère de l'Empereur François I*.

Représenté en grand costume rouge de [illegible] et tourne légèrement la tête à gauche. Il porte [illegible] blanc à brocarts d'or. L'ordre de la [illegible] de son cou par un large ruban rouge.

Il [illegible] coiffé d'une perruque poudrée.

Signé en bas à gauche et daté 1765.

[illegible]

Cadre en bois sculpté.

HELMONT

(MATHIEU VAN)

[illegible]

22 — *Famille hollandaise*.

Devant la cheminée, le père donne à manger à son [illegible] tandis que la mère fait sécher une serviette devant le feu. Au fond, un enfant dévore sa pitance.

Signé du monogramme sur le tonneau à droite.

[illegible. Haut. [illegible], larg. [illegible]. Bois.]

Cadre en bois sculpté.

HEUSCH
(GUILLAUME DE)

23 — *Paysage et Figures.*

Signé du monogramme au milieu, en bas.

Bois. Haut., 18 cent.; larg., 24 cent.

HUE
(JEAN-FRANÇOIS)
(1751—1823)

24 — *Vue d'un petit Moulin des environs de Saint-Denis.*

Au milieu de la rivière se trouve un pittoresque moulin relié à la rive par un petit pont. Le meunier et sa femme sont à la fenêtre.

A gauche, des laveuses, dont l'une qui ne fait que d'arriver, est aidée à descendre de son cheval par un jeune paysan qui l'embrasse.

A droite, un pêcheur dans une barque. Au fond on aperçoit le village éclairé par un rayon de soleil. Ciel nuageux.

Signé en bas à gauche.

Bois. Haut., 34 cent.; larg., 47 cent.

37

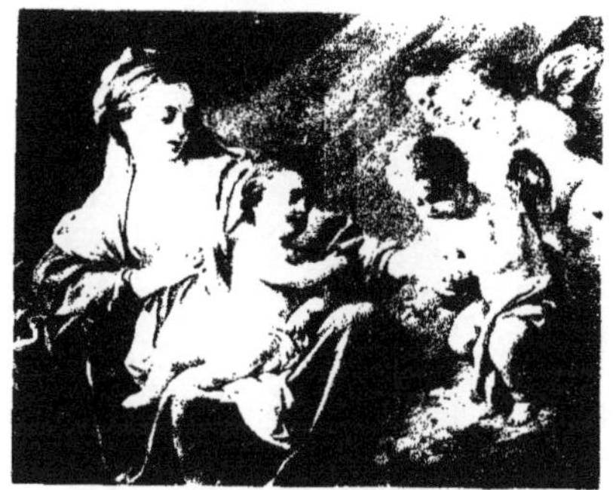

26

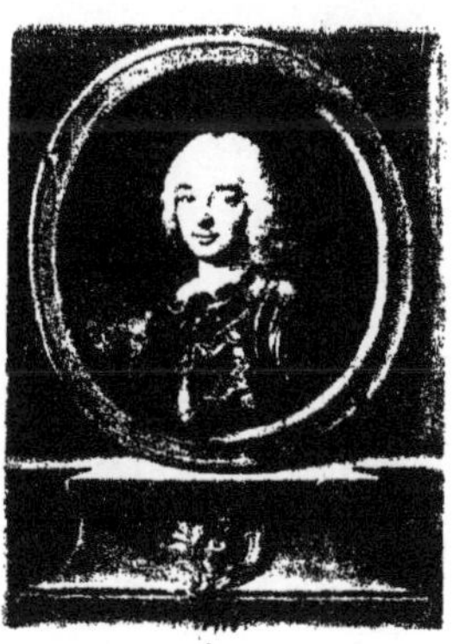

8

LAFOSSE
(CHARLES DE)
(1636-1716)

25 — *Eliézer et Rebecca.*

Au bord du puits, la jeune Rebecca vient de puiser de l'eau. Le vieil Eliézer, accroupi à côté d'un coffret plein de bijoux, la remercie et lui montre les présents qu'il a apportés pour elle. A gauche, circulent ses compagnes, et un jeune garçon garde deux chameaux.

Toile. Hauteur... Largeur...

LAGRENÉE
(LOUIS-JEAN-FRANÇOIS)
(1725-1805)

26 — *La Vierge aux Anges.*

La Vierge, vêtue d'une robe rouge et bleue, tend la main à un petit ange, qui regarde l'Enfant Jésus qu'elle tient assis sur ses genoux. Plus haut, deux autres anges sont en adoration.

Signé en bas à droite et daté 1768.

Cuivre. Hauteur... Largeur...

Cadre en bois sculpté.

Salon de 1769.

LAGRENÉE
(LOUIS-JEAN-FRANÇOIS)

27 — *La Charité romaine.*

> Toile. Haut., 28 cent.; larg., 37 cent.

LAMBRECHTS
(C.)

28 — *Intérieur hollandais.*

> Trois personnages sont assis au bord d'une table. L'un d'eux, au premier plan, tient un pot de grès à la main. Au fond, arrive la servante, dont l'ombre se profile sur la haute cheminée.
>
> Signé en bas à droite.

> Bois. Haut., 42 cent.; larg., 55 cent.

> Cadre en bois sculpté.

LARGILLIÈRE
(NICOLAS)
(ATTRIBUÉ A)

29 — *Portrait présumé de Joseph Parrocel.*

> Une inscription au dos du tableau, indique qu'il a été séquestré lors de la Révolution française.

> Cuivre. Haut., 18 cent.; larg., 14 cent.

LEFEBVRE

(ROBERT)

(1756-1831)

30 — *Portrait du duc d'Orléans (Philippe Égalité).*

Vu de trois quarts, il regarde vers la droite. Il porte un
habit noir et un gilet blanc entr'ouvert; on y aperçoit la
cravate, blanche également. Sa tête, vue presque de face, est
surmontée d'une perruque poudrée.

Signé à gauche et daté 1791.

Toile ovale. Hauteur : ... Largeur : ...

LISIEWSKY

(GEORGE)

(1724-1797)

**31 — *Portrait présumé de Barbara Cam-
pagnini, célèbre danseuse.***

Vue de face, elle porte une robe rose décolletée. Dans ses
cheveux poudrés sont piquées de petites fleurettes roses.
Autour de son cou, un collier de perles fines, dont les pendants
retombent sur sa gorge. Une petite croix en or, suspendue par
un ruban noir, tombe sur sa poitrine. Un manteau de satin
blanc est jeté sur ses épaules.

Derrière, sur un vieux morceau de toile, on lit : C. F. R.
Lisiewsky pinxit. Anno 1784.

Toile ovale. Hauteur : ... Largeur : ...

Cadre en bois sculpté.

LOO

(CARLE VAN)

(1705-1765)

32 — *Sacrifice d'Iphigénie*.

Le grand prêtre s'apprête à sacrifier aux dieux incléments sa fille agenouillée à droite sur les marches, et éclairée par un bel effet de lumière. Derrière elle, Clytemnestre s'affaisse épouvantée dans les bras d'une suivante. A gauche, des soldats impatients d'aller combattre, regardent la scène. Derrière l'autel, la statue de Diane assise.

Cette peinture est probablement la première pensée du tableau commandé par Frédéric le Grand à Carle Van Loo, exposé à Paris au Salon de 1757 et présentement au nouveau palais de Potsdam. Gravé partiellement dans l'ouvrage de Seidel : « Frédéric le Grand et les artistes français de son temps ».

Toile. Haut., 58 cent.; larg., 71 cent.

Reproduit dans « Les Arts », mai 1910.

LOO

(VAN)

(ATTRIBUÉ A)

33 — *Portrait d'une Dame de qualité*.

Vue de face, elle porte une robe décolletée brune, étroitement serrée à la taille; les manches et les épaules sont en satin blanc. Un grand manteau, brun également, retombe autour de sa svelte personne. Un ruban bleu est passé dans ses cheveux poudrés.

Fond brossé.

Toile. Haut., 82 cent.; larg., 65 cent.

Cadre en bois sculpté.

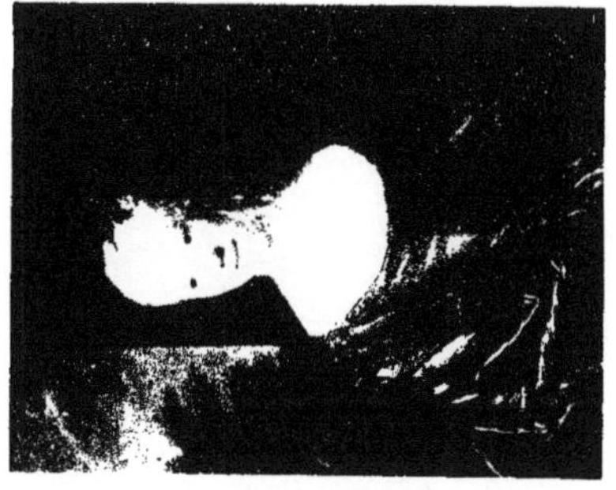
51

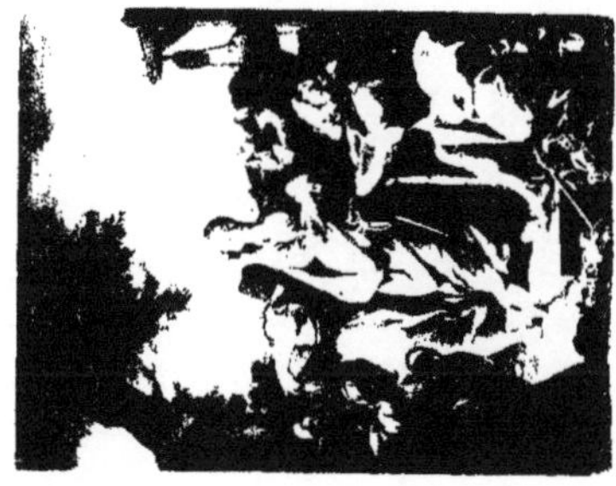
25

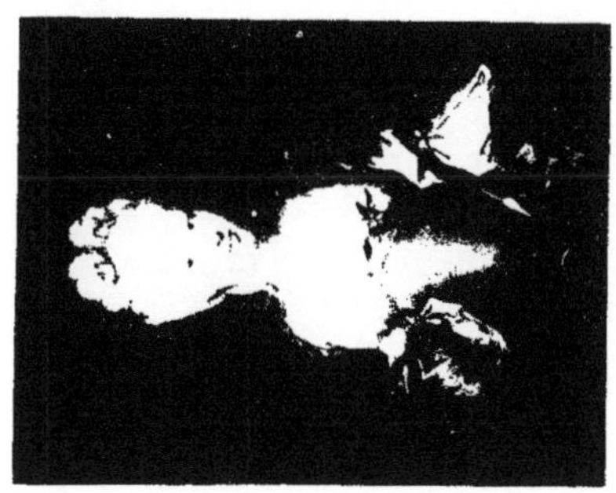
33

MACHY
(PIERRE-ANTOINE DE)

34 — Ruines.

Cadre en bois sculpté.

Collection Schiff.

MACHY
(DE)

35 — Colonne et Monuments anciens.

Signé à droite.

Cadre en bois sculpté.

Collection Moreau-Chaslon

MIGNARD

(PIERRE)

(1611—1695)

36 — *Portrait du Grand Dauphin, enfant.*

Vue de trois quarts, sa jeune tête aux yeux bleus est encadrée de boucles blondes qui retombent sur ses épaules. Il est en armure, et sous une cravate en dentelle est passé un grand nœud rouge.

Toile ovale. Haut., 72 cent.; larg., 50 cent.

Cadre en bois sculpté.

MIGNARD

(PIERRE)

37 — *Portrait de Marguerite Frezon, seconde femme de Jean III du Tillet, conseiller au Parlement.*

Bussy-Rabutin lui consacre un paragraphe dans son « Histoire amoureuse des Gaules », où il la dépeint comme une beauté renommée, opulente, accueillante et sotte.

Toile ovale. Haut., 58 cent.; larg., 44 cent.

Cadre en bois sculpté.

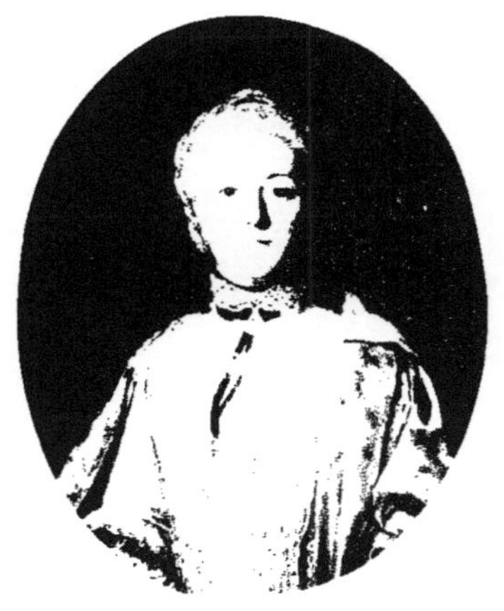

31

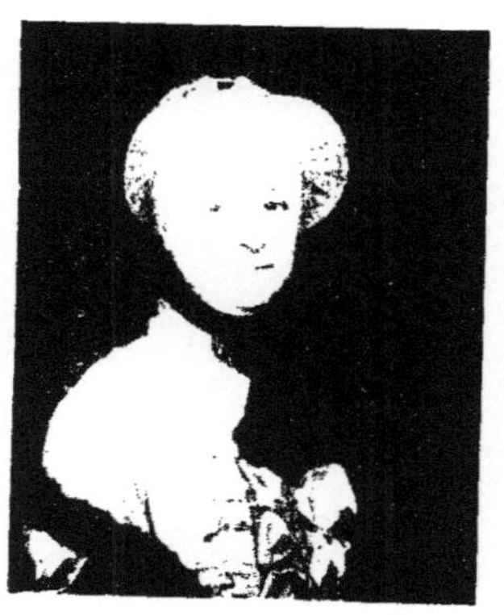

52

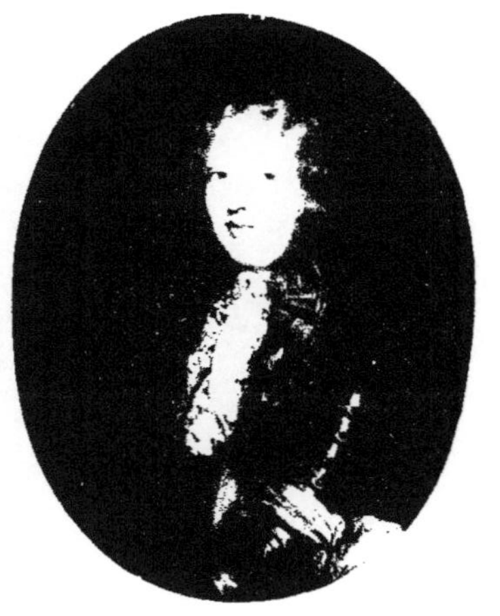

36

NATTIER

(ATELIER DE)

38 — *Portrait de Stanislas, roi de Pologne, duc de Lorraine et de Bar, père de Marie Leczinska.*

Il est représenté debout en armure. Un grand manteau rouge, doublé d'hermine, est jeté sur ses épaules. Sa figure est encadrée par une longue perruque à boucles blanches.

Toile. Haut., 82 cent.; larg., 68 cent.

PANNINI

(JEAN-PAUL)

(1692-1765)

39 — *Église et Palais.*

Toile. Haut., 32 cent.; larg., 41 cent.

PARROCEL

(CHARLES)

(1688-1753)

40 — *Portrait équestre du roi Louis XV en uniforme de Garde Française.*

Vu de profil, le roi se tient droit sur son robuste cheval gris et tourne la tête de notre côté. Il porte une tunique bleue, enrichie de broderies et de galons d'argent ; les basques ont des revers rouges ; sa calotte collante est rouge également. Il est coiffé d'une toque de fourrure ornée d'un nœud blanc. De ses deux mains gantées, il tient les guides. Au fond, un paysage.

Toile. Haut., 80 cent.; larg., 63 cent.

PIERRE

(NICOLAS-BENJAMIN DE LA)

41 — *Portrait de l'Artiste.*

Il est vu de trois quarts, accoudé sur une chaise. Sa figure spirituelle aux yeux bleus, au nez aquilin, est surmontée de cheveux poudrés. Il est vêtu d'un habit vert d'eau qui laisse voir son jabot blanc. De sa main droite, il tient un porte-fusain.

Signé en bas à gauche et daté 1788.

Toile. Haut., 61 cent.; larg., 49 cent.

Reproduit dans « Les Arts », n° de juin 1902.

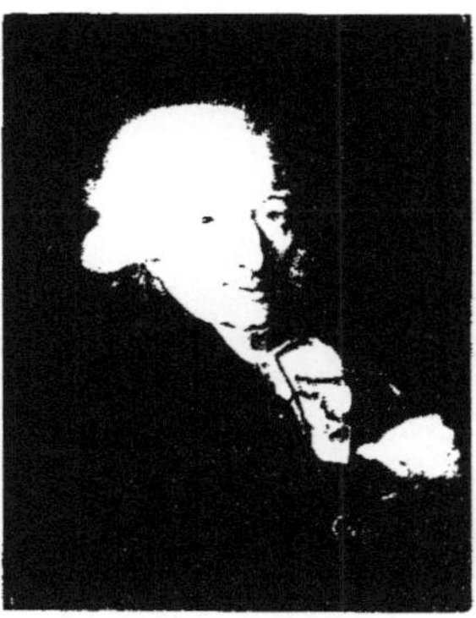

41

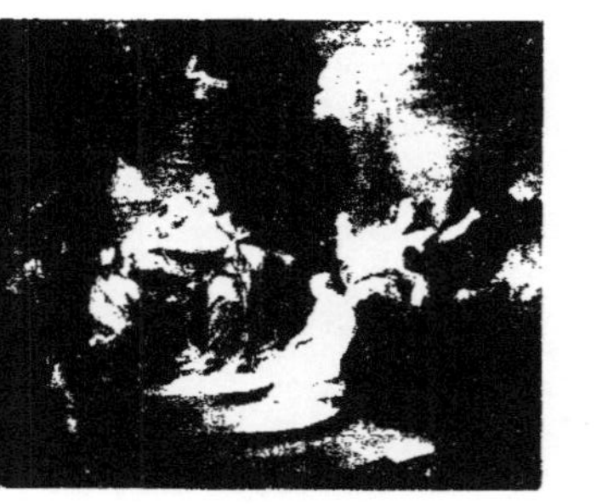

42

53

RAGUENET

42 — *Les Invalides au XVIIIe siècle.*

Signé en bas à droite.

RÉGNAULT

(JEAN-BAPTISTE)

43 — *Tête de Bacchante.*

Elle est vue presque de dos et [...]
Retenus par un petit [...] violet, ses cheveux [...]
retombent en légères boucles sur son front [...]
[...]

Cadre en bois sculpté.

SAUVAGE

(PIAT-JOSEPH)

44 — *Jeux d'Enfants.*

Deux panneaux peints en grisaille.

SPRANGERS

(BARTH.

45 — *Vertumne et Pomone.*

Cadre style Renaissance.

SUBLEYRAS

(PIERRE

46 — *Portrait du Cardinal Pompeio Aldro-*
vandi, patriarche de Jérusalem et
gouverneur de Rome, candidat de la
faction française à la tiare contre
Benoist XIV.

Il est assis sur un vaste fauteuil grenat aux bras dorés et
sculptés; de sa main gauche il tient un livre appuyé sur une
table. Sa main droite, ornée de l'améthyste, est posée sur son
genou. Il porte un camail et un surplis de dentelles blanches.
Une toque rouge est posée sur ses cheveux blancs. Au fond,
un grand rideau grenat à crépons d'or laisse apercevoir deux
grosses colonnes.

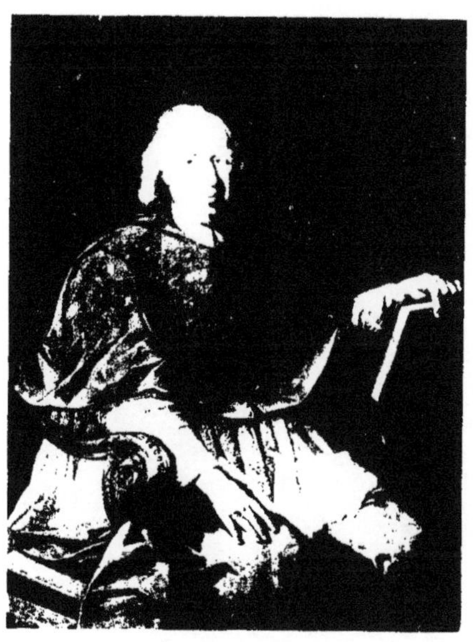

46

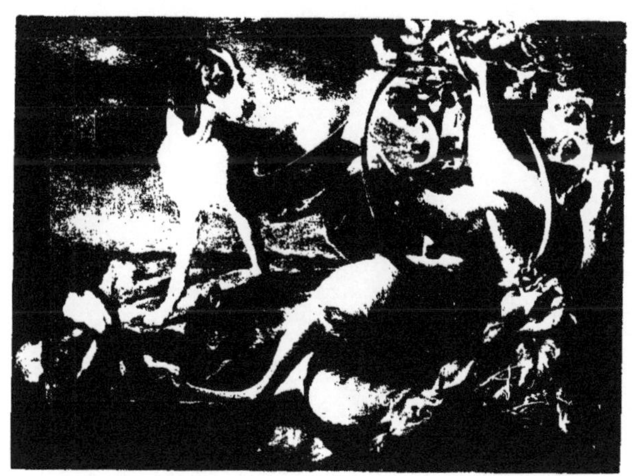

9

SUBLEYRAS

47 — *L'Ermite.*

Esquisse avec variante du tableau du Louvre.

Toile. Hauteur, 0 ... centim. Largeur, 0 ... centim.

SWEBACH

(JACQUES-FRANÇOIS)

(1769 - 1823)

48 — *La Chasse à courre.*

A travers la campagne boisée, au bord d'un lac, un chasseur et sa femme, accompagnés de la meute, poursuivent le cerf qui s'élance dans la plaine. Deux piqueurs sonnant du cor les suivent. Un léger soleil éclaire une partie de la scène.

Panneau. Hauteur, 0 ... centim. Largeur, 0 ... centim.

TARAVAL
(HUGUES)
(1728-1785)

49 — *Le Repas du Moissonneur.*

A gauche, assis sur une gerbe de blé parsemée de coque-
licots, est assis un paysan à la peau hâlée par le soleil. Sa
culotte est retroussée et il tend les bras à son fils qui lui
apporte son déjeuner dans un vase rustique. Le jeune enfant
est soutenu par sa mère. Les cheveux négligemment retenus
par un mince ruban et vêtue d'une jupe bleue et d'un corsage
grenat, elle regarde tendrement son époux. A côté du mois-
sonneur sont posés des épis et une faucille.

Signé à droite et daté 1775.

Toile. Haut., 1 mètre; larg., 1 m. 34.

Salon de 1775.

TOCQUÉ
(LOUIS)
(1696-1772)

50 — *Portrait de M. de la Guérinière, chef de la Grande Écurie du Roi.*

Vu de profil, il tourne sa figure épanouie et rubiconde de
notre côté. Vêtu d'un habit de velours cramoisi à brandebourgs
dorés, il porte la main gauche gantée en avant sur son gilet
rouge, comme s'il tenait des rênes. Fond verdâtre.

Toile. Haut., 81; ce m.; larg., 65 cent.

Cadre en bois sculpté.

Gravé par Adam.

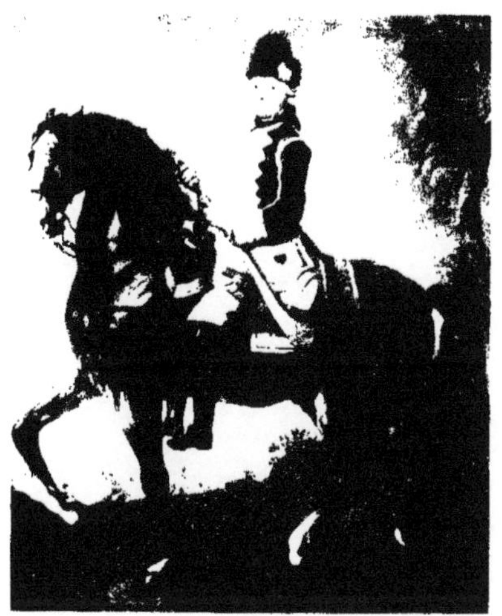

40

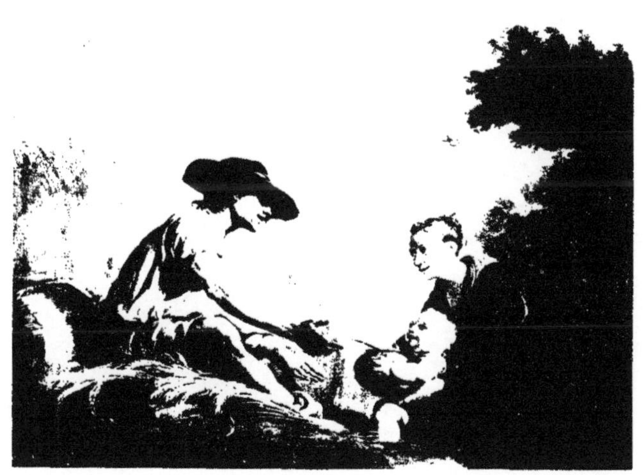

49

TOURNIÈRES
(ROBERT)

51 — *Portrait présumé de Mlle Pélissier, artiste de l'Opéra.*

Elle est représentée debout, presque de face et porte une robe décolletée [...] Une grande mante [...] doublée de rose, est [...] Dans ses [...] poudrés sont [...] Auprès d'une fenêtre, on aperçoit [...]

VESTIER
(ANTOINE)

52 — *Portrait présumé de Mme Masse.*

Vue de trois quarts à droite, [...] Sa figure, aux traits encore [...] et délicats, est coiffée d'un petit bonnet, garni de dentelles, qui cache ses cheveux blancs. Un [...] retenant sa coiffure est [...] Elle porte une robe de satin blanc, légèrement décolletée. Une écharpe de soie bleue, bordée de fourrure, [...] sur ses épaules.

Mme Masse était la femme du peintre Masse, garde des tableaux du [...].

Ses traits furent également reproduits par Latour au musée de Saint-Quentin, n° [...].

Signé à droite et daté 1762.

VESTIER

53 — *Portrait présumé du président Dupaty.*

Assis devant une petite table ronde supportant quelques livres, il est représenté vêtu d'un habit bleu foncé. Sa tête, aux traits réguliers, est très expressive. La bouche est légèrement entr'ouverte et ses cheveux sont poudrés. Un gilet chamois laisse voir sa cravate blanche, à petites raies rouges. De sa main droite, il tient un livre rose broché, appuyé sur la table.

Avant d'être rentoilé, l'on voyait écrit derrière la toile : Vestier 1788.

Toile. — Haut., 65 cent.; larg., 56 cent.

VIGÉE-LEBRUN

(MADAME)

(1755-1842)

54 — *Ma Tête.*

Jeune et jolie, elle lève ses grands yeux bleus vers le ciel. Ses mignonnes lèvres rosées sont légèrement entr'ouvertes. Une couronne de roses et un léger voile sont placés sur ses cheveux blonds. Elle est vêtue d'une robe blanche décolletée, à galons dorés. Fond verdâtre.

Nous extrayons de l'article de M. Gabriel Mourey dans « Les Arts », l'appréciation suivante de ce tableau : « La petite toile où Mme Vigée-Lebrun a peint « Sa Tête » n'offre pas un moindre agrément... Elle est adorable en vérité, avec sa couronne de roses posée sur ses cheveux dénoués et le voile qui si mollement caresse les rondeurs de sa gorge ».

Signé à droite et daté 1778.

Bois. — Haut., 40 cent.; larg., 30 cent.

Exposition des « portraits de femmes », à Bagatelle, 1909, N° 186.
Reproduit dans « Les Arts », juillet 1909.

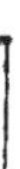

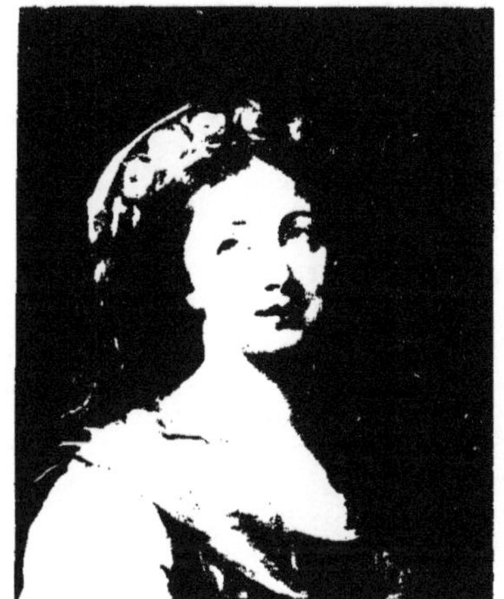

54

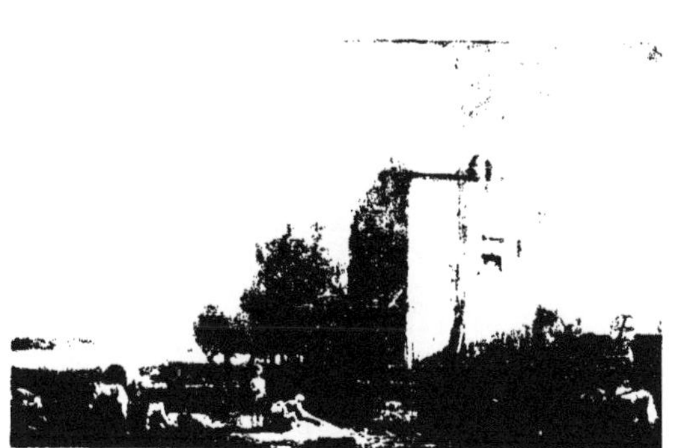

24

VINCENT

(FRANÇOIS-ANDRÉ)

55 — *Démocrite chez les Abdéritains.*

Salon de 1791.

Vente Xavier de Montépin.

VLEUGHELS

(NICOLAS)

56 — *Salomon sacrifiant aux Idoles.*

VOS

(MARTIN DE)

(1532-1603)

57 — *Jésus chez Nicodème.*

Assis à côté de Nicodème, le Christ est en train de lui expliquer sa foi. Ils sont à l'intérieur d'un cabinet de travail, où à gauche, plusieurs livres et une chandelle sont posés sur une table, devant une vieille armoire. A droite, un homme soulève une tenture et, par la porte, nous apercevons une autre salle où plusieurs personnages sont réunis.

Toile. Haut., 1 m. 02; larg. m. cent.

WATTEAU

(FRANÇOIS-LOUIS)

(DE LILLE)

(1758-1823)

58 — *La fête du Grand-Papa.*

Au pied d'un arbre, à côté d'une rustique maisonnette se tient un petit groupe. De jeunes enfants présentent des fruits à un vieillard qui regarde une jeune femme debout à côté de lui. Au bout d'une table, un vieux couple est assis. A droite, s'étend un petit paysage.

Signé en bas sur une pierre et daté 1793.

Bois. Haut., cent.; larg., 18 cent.

WATTEAU

(LOUIS)

59 — *Halte de Bohémiens.*

Au bord d'une route la grotte, au milieu de la toile, les bohémiens se sont arrêtés. Du [illegible] à la droite, ils ont [illegible] et paraissent se préparer à faire cuire un canard [illegible] bras et [illegible] fusil et sa main [illegible] poire à côté de lui. Au milieu, une femme retire son bébé de [illegible] et [illegible]. A gauche, un [illegible] un verre [illegible] à la main et un homme portant un lièvre et le [illegible].

Bois [illegible]

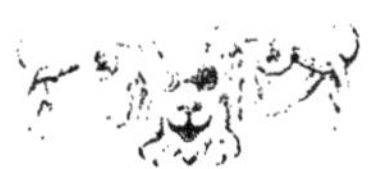

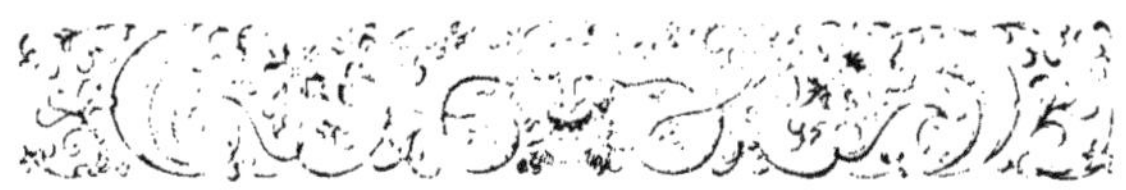

TABLEAUX MODERNES

BENOIST
(PHILIPPE)

60 — *Vue des Quais et de la Cité prise du
Pont du Carrousel.*

[illegible]

BONVIN

61 — *Nature morte.*

[illegible]

BOUCHOT
(FRANÇOIS)
(1800-1842)

62 — *Portrait de M*^me *de Gama Machado.*

Signé en bas à droite et daté 1833.

Toile. Haut., 1 mètre; larg., 81 cent.

Exposition des « Portraits d'hommes et de femmes célèbres »,
à Bagatelle, 1908, n° 19.

CHAPLIN
(CHARLES)
(1825-1891)

63 — *Jeune Femme couchée, vue de dos.*

Étude.

Signé en bas à gauche.

Toile. Haut., 14 cent.; larg., 30 cent.

Vente après décès de l'artiste. N° 96.

CHARLET
(NICOLAS-TOUSSAINT)
(1792-1845)

64 — *La Dispute. Soldats jouant aux Cartes.*

Signé en bas à gauche et daté 1822.

Toile. Haut., ... cent.; larg., 35 cent.

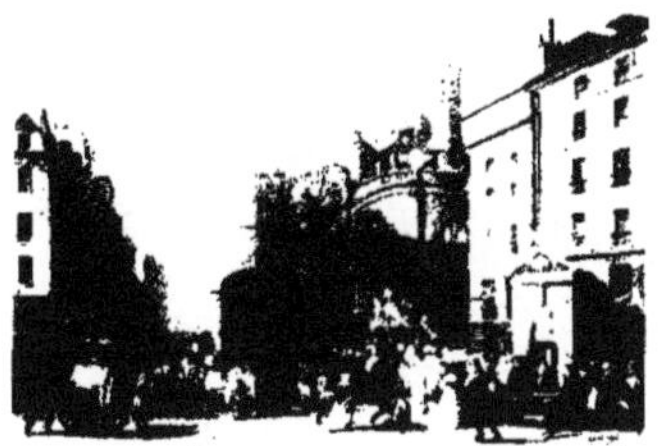

67

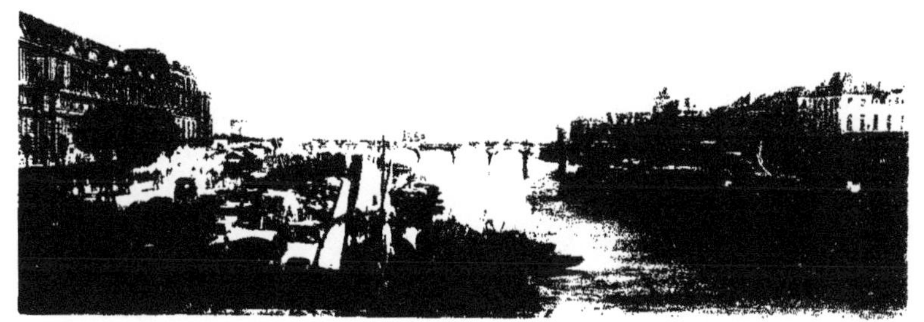

60

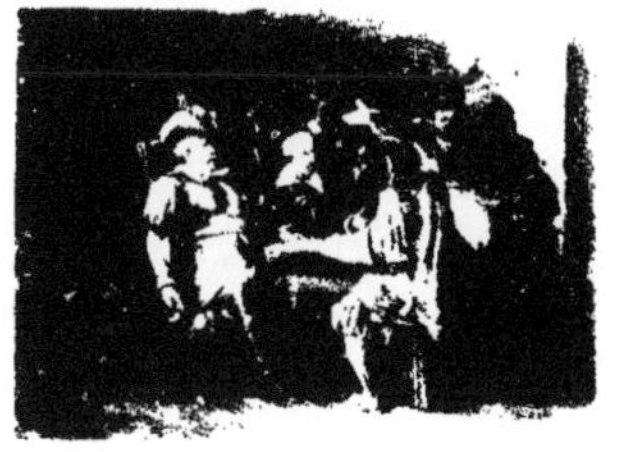

64

87

CORMON

65 — *Tête de Jeune Femme*.

Signé à gauche et daté 1868.

DEFAUX
(ALEXANDRE)

66 — *Laveuses au bord de la Rivière*.

Signé à droite.

DELAYE
(CHARLES-CLAUDE)

67 — *Le Mardi-Gras à la Pointe Saint-Eustache en 1830*.

Au coin de l'église, [...]
[...]

Signé en bas à droite.

DESGOFFE
(BLAISE)
1830—1901

68 — *Nature Morte.*

Sur une table, un bouquet de fleurs est posé sur une draperie.

Signé en bas à droite.

Toile. Haut., 46 cent.; larg., 30 cent.

DREUX
(ALFRED DE)
1810—1860

69 — *Une Amazone.*

Elle est représentée assise sur un grand cheval alezan et vêtue d'une longue robe noire qui tombe le long du flanc de l'animal. De sa main gauche elle tient une cravache. Le portrait se détache sur un fond boisé.

Signé en bas à droite des initiales.

Bois. Haut., 41 cent.; larg., 33 cent.

FAUVELET
(JEAN)

70 — *Le Petit Page.*

Un jeune page présente une lettre [illegible]
[illegible]
légèrement.

Signé en bas [illegible]

FRANÇAIS
(FRANÇOIS-LOUIS)

71 — *La Moisson. Environs de Nemours.*

Signé en bas [illegible] et daté 1852.

Vente Français, [illegible]

GUDIN

72 — *Vue du Cours la Reine en 1828.*

[illegible]
[illegible] de la Concorde [illegible]
les statues [illegible]
d'honneur de Versailles.

HAUDEBOURG-LESCOT

(Mme HORTENSE VICTOIRE)

73 — *Une Station de Pifferari devant une Madone.*

Guizot, dans « l'État des Beaux-Arts et du Salon de 1810 », s'exprime ainsi : « On voit dans les tableaux de Mme Lescot... deux stations de Pifferari devant une Madone, qui offrent les mêmes qualités, grâce, vérité et naïveté... de l'originalité, de la simplicité, une observation fidèle de la nature, voilà ce qu'on trouve dans ces petites compositions. »

Signé à droite et daté 1810.

Toile. Hauteur .... Largeur .... cent.

Salon de 1810.

HENNER

74 — *Tête de jeune Homme.*

Vu de profil, il se détache sur un fond vert : il est brun et porte un veston noir. Une cravate bleue est nouée autour du col de sa chemise rabattue.

Derrière lui Henner a écrit : « A Mme Suzanne Logier pour le jour de sa fête, 1er août 1867, signé Henner. »

Signé en haut, à droite.

Exposition des Enfants de Bagnolet, 1910.

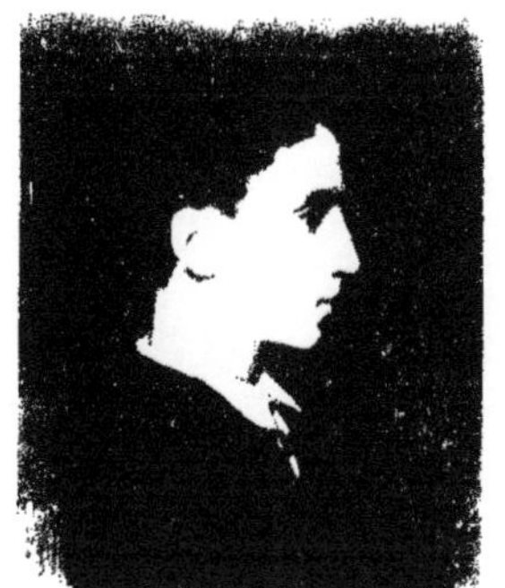

74

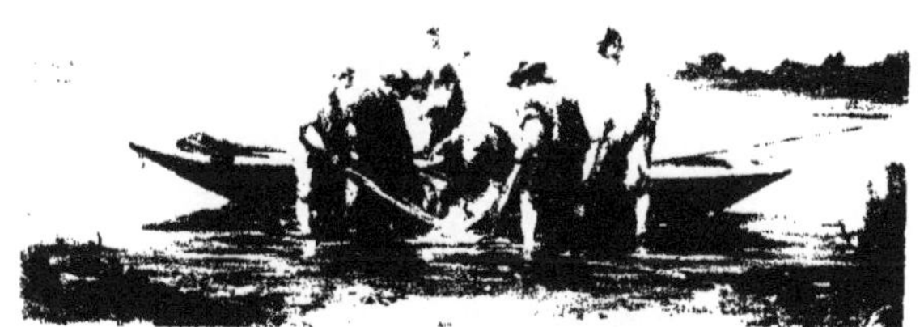

77

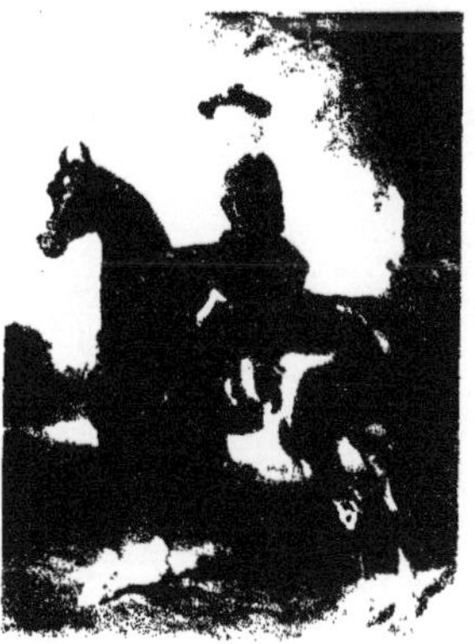

59

LAMBINET

(ÉMILE)

1815-1877

75 — *Le Chemin tournant.*

Signé à gauche et daté Verrières, 1867.

LEHMAN

(HENRI)

1814-1882

76 — *Portrait de Liszt.*

Dans son *Salon de 1847*, Thoré s'exprime ainsi à propos
de ce portrait : « Les plus remarquables portraits du Salon
« de 1847 sont incomparablement le portrait d'Adolphe Leleux
« peint par lui-même ; le médaillon de Liszt, par Henri
« Lehman, et les deux portraits par Couture...

« Le portrait de M. Lehman est une œuvre très surprenante
« et très belle. Elle a été faite sous l'influence de M. Ingres,
« Rome, 1839. »

Signé à gauche et daté, Rome, 1839.

Salon de 1847.

Exposition des œuvres de Lehman
à l'École des Beaux-Arts en 1883, n° 50.
Vente Bourmouville.

Exposition des « Portraits d'hommes et de femmes célèbres »
à Bagatelle, 1908, n° 127.

LELEUX

(ADOLPHE)

(1812—1891)

77 — *Pêcheurs à l'étang (Bourgogne).*

Au bord de l'étang, des pêcheurs ont amarré leur barque et retirent leur filet, où frétillent les poissons.

Signé en bas à droite et daté 1857.

Toile. Haut., 41 cent.; larg., 73 cent.

Salon de 1857.

LEPRINCE

(XAVIER)

(1749—1826)

78 — *Chemin près d'une vieille Ferme.*

Sur un chemin boueux, à travers la campagne, avance une charrette, suivie d'un troupeau; çà et là circulent des cavaliers et des paysans. Au fond, une vieille ferme à moitié en ruine se détache sur un ciel orageux. Quelques rayons de soleil éclairent en partie le paysage.

Signé en bas à gauche et daté 1810.

Toile. Haut., 24 cent.; larg., 33 cent.

MALLET
(JEAN-BAPTISTE)
1759-1835

79 — *Salle de bain gothique.*

Vue de dos et éclairée par le demi-jour d'une fenêtre à vitraux qui se trouve en face d'elle, une femme retire son dernier voile. D'un geste gracieux, elle se prépare à entrer dans le bain. Elle tourne et incline la tête de notre côté. A gauche, une chaise Empire sur laquelle est posé un peignoir rouge. A droite, une lettre et un petit broc d'argent sont placés sur une table. Au fond, la baignoire en pierre.

Salon de 1810.

MEISSONIER
(ERNEST)
1815-1891

80 — *Étude de Cheval.*

Cheval brun, presque de face, portant un cavalier en selle. Étude 1870.

Signé du monogramme à droite.

Vente après décès de l'artiste, n° 348.

PISSARO

(1830—1903)

81 — *Route à l'entrée de la Forêt.*

Signé en bas à droite.

Toile. Haut., 27 cent.; larg., 35 cent.

PROVOST

82 — *Les Invalides sous Louis-Philippe.*

Signé en bas à droite.

Toile. Haut., 35 cent.; larg., 27 cent.

ROEHN

(ADOLPHE)

(1780—1867)

83 — *Sans Douleur.*

Sur la place publique un charlatan fait son boniment devant
la foule assemblée et lui montre la dent qu'il vient d'arracher.
Son patient, accablé par la douleur, est assis dans un fauteuil,
pendant qu'à gauche un homme déguisé en pierrot bat du
tambour.

Signé au milieu et daté 1837.

Bois. Haut., 32 cent.; larg., 25 cent.

Salon de 1837, n° 1584.

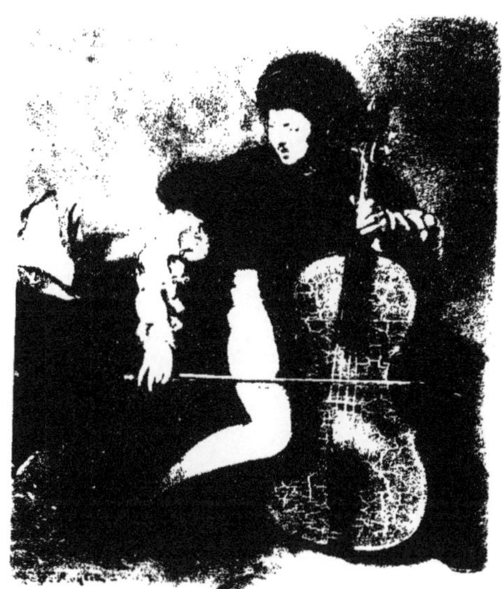

84

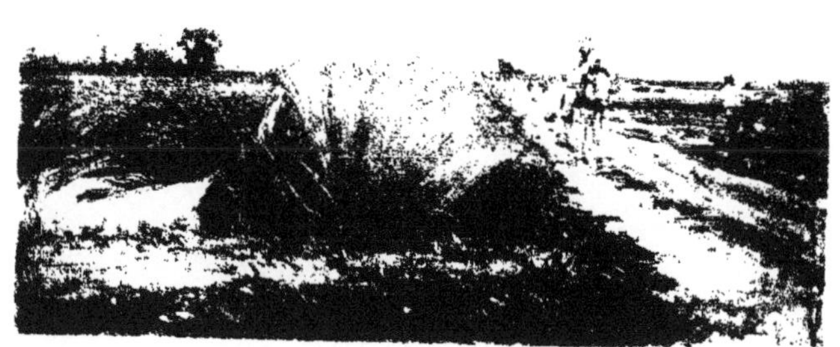

71

ROYBET

84 — *Le jeune Violoncelliste.*

Jeune et élégant, il est assis [illegible] son violoncelle
entre ses jambes, et manie adroitement son archet de la main
droite. Il est vêtu d'un haut-de-chausses vert et d'une veste de
velours noir à manches [illegible]. Coiffé d'une toque de velours
à aigrette blanche. Il [illegible] la tête [illegible] de la
musique, que l'on aperçoit [illegible].

Signé en bas à gauche.

[illegible]

VALLIN

85 — *Jeune Femme déplorant la perte du fidèle Gardien de son Troupeau.*

Signé en bas à droite et daté 18[..]

[illegible]

Salon de 1824

VALLIN

86 — *Paysage et Figures.*

Signé en bas à droite et daté 18[.]3.

[illegible]

[illegible]

VERNET
(HORACE)
(1789 - 1863)

87 — *Le Coup de feu de la Sentinelle, épisode de la Guerre d'Algérie.*

Signé en bas à gauche.

Toile. Haut., 24 cent.; larg., 33 cent.

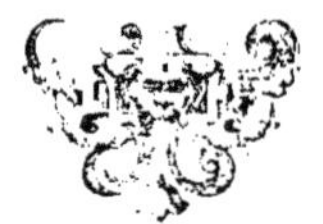

19.. — Librairies-Imprimeries réunies, MARTINET, Directeur.

RED. :

24

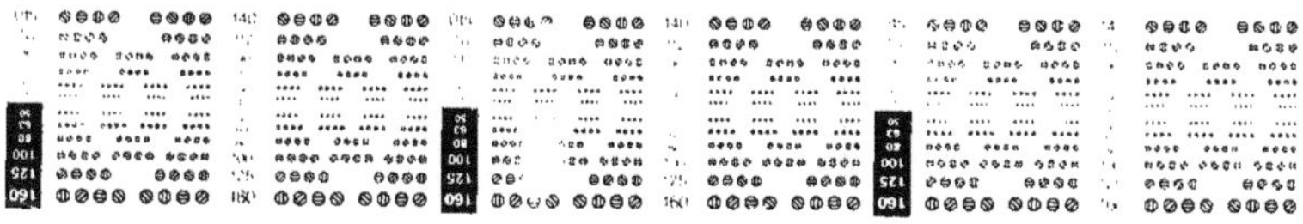

graphicom

MIRE ISO N° 1
NF Z 43
AFNOR
Cedex 7 - 92080 PARIS LA DEFENSE

0 1 2 3 4 5 6 7 8 9 10

BIBLIOTHÈQUE NATIONALE DE FRANCE

* * * *

CHATEAU DE SABLÉ

1997

www.ingramcontent.com/pod-product-compliance
Ingram Content Group UK Ltd.
Pitfield, Milton Keynes, MK11 3LW, UK
UKHW031843170726
13836UKWH00004B/1849